Happy Handwriting

Practice Book 1

Series Editor: Dr Jane Medwell
Author: Chris Whitney

William Collins' dream of knowledge for all began with the publication of his first book in 1819. A self-educated mill worker, he not only enriched millions of lives, but also founded a flourishing publishing house. Today, staying true to this spirit, Collins books are packed with inspiration, innovation and practical expertise.

They place you at the centre of a world of possibility and give you exactly what you need to explore it.

Collins. Freedom to teach.

Published by Collins
An imprint of HarperCollins*Publishers*
The News Building, 1 London Bridge Street, London, SE1 9GF, UK

HarperCollins*Publishers*
Macken House, 39/40 Mayor Street Upper, Dublin 1, DO1 C9W8, Ireland

Browse the complete Collins catalogue at
collins.co.uk

10 9 8 7 6 5 4 3

ISBN 978-0-00-848580-1

British Library Cataloguing-in-Publication Data
A catalogue record for this publication is available from the British Library.

Series Editor: Dr Jane Medwell
Author: Chris Whitney
Specialist reviewer: Dr Mellissa Prunty
Publisher: Lizzie Catford
Product manager: Sarah Thomas
Project manager: Jayne Jarvis
Development editor: Oriel Square Ltd.
Copyeditor: Jilly Hunt
Proofreader: Claire Throp
Cover designer: Sarah-Leigh Wills at Happydesigner
Cover artwork: Jouve India Pvt. Ltd.
Illustrations: Jouve India Pvt. Ltd.
Typesetter: Jouve India Pvt. Ltd.
Production controller: Alhady Ali
Printed and bound in the UK using 100% renewable electricity at Martins the Printers Ltd.

Write Over

c a d

c c c a a a d d d

Hide and Seek

can add ant and all

Write Over and Copy

c a d c a d

Write Over and Copy

c a d c a d

a b c d e f g h i j k l m n o p q r s t u v w x y z

Write Over

g   o   q

g g g   o o o   q q q

Hide and Seek

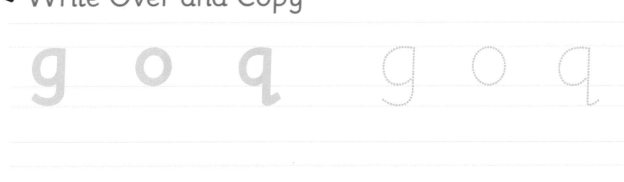

g c o a d q

Write Over and Copy

g o q   g o q

Write Over and Copy

g o q   g o q

a b c d e f g h i j k l m n o p q r s t u v w x y z

e s f

e e e s s s f f f

Hide and Seek

c a s d g o e q f

Write Over and Copy

e s f e s f

Write Over and Copy

e s f e s f

abcde**f**ghijklmnopqr**s**tuvwxyz

C D G O Q S E F A

C D G O Q S E F A

Hide and Seek

C D G O Q S E F A

Write Over and Copy

C D G O Q S E F A

Write Over and Match

C D G O Q

S E F A

a b c d e f g h i j k l m n o p q r s t u v w x y z

✏️ Write Over

i   l   t

i   i   i   l   l   l   t   t   t

🔍 Hide and Seek

f   i   e   t   s   l

✏️ Write Over and Copy

i   l   t   i   l   t

✏️ Write Over and Copy

i   l   t   i   l   t

a b c d e f g h **i** j k l m n o p q r s **t** u v w x y z

Hide and Seek

i u y t l

Write Over and Copy

Write Over and Copy

a b c d e f g h i j k l m n o p q r s t u v w x y z

Write Over

j
k

j j j

k k k

Hide and Seek

k y u t i l j

Write Over and Copy

j k j k j k

Write Over and Copy

j k j k j k

a b c d e f g h i j k l m n o p q r s t u v w x y z

Write Over

I L T U Y J K

I L T U Y J K

Hide and Seek

I L T U Y J K

Write Over and Copy

I L T U Y J K

Write Over and Match

I L T U Y J K

a b c d e f g h i j k l m n o p q r s t u v w x y z

Write Over

Hide and Seek

j u n m k r

Write Over and Copy

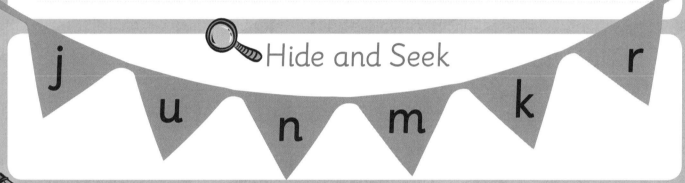

Write Over and Copy

r n m r n m

a b c d e f g h i j k l m n o p q r s t u v w x y z

Write Over

h h h b b b p p p

Hide and Seek

Write Over and Copy

h b p h b p

Write Over and Copy

h b p h b p

a b c d e f g h i j k l m n o p q r s t u v w x y z

Write Over

R N M H B P

R N M H B P

Hide and Seek

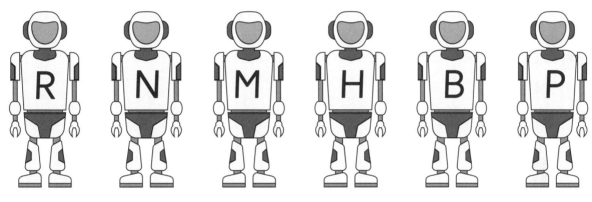

Write Over and Copy

R N M H B P

Write Over and Match

R N M H B P

a b c d e f g h i j k l m n o p q r s t u v w x y z

Write Over

v v v

w w w

Hide and Seek

van

vet

wet

win

Write Over and Copy

V W V W V W V W

14

a b c d e f g h i j k l m n o p q r s t u ▢ ▢ x y z

Write Over

Hide and Seek

fox

box

zebra

zip

Write Over and Copy

X Z X Z   X Z X Z

a b c d e f g h i j k l m n o p q r s t u v w ■ y ■

15

V W X Z

V W X Z

Hide and Seek

V W X Z V

Write Over and Copy

Write Over and Match

abcdefghijklmnopqrstuvwxyz

1 2 3 4 5 6 7 8 9 10

1 2 3 4 5 6 7 8 9 10

Hide and Seek

4   3   7

6   8   5   2   10

1   9

Write Over

1 2 3 4 5 6 7 8 9 10

Write Over and Copy

1 2 3 4 5 6 7 8 9 10

1 2 3 4 5 6 7 8 9 10

Write Over

sh   sh sh sh

th   th th th

Hide and Seek

sting   ship   bath   shop   fish   thick

Write Over and Copy

sh th   sh th

Write Over and Copy

sh th   sh th

a b c d e f g ▪ i j k l m n o p q r ▪ ▪ u v w x y z

 Write Over

ck ck ck ck

qu qu qu qu

19

Hide and Seek

quack duck clock queen quick

Write Over and Copy

ck qu   ck qu

Write Over and Copy

ck qu   ck qu

a b ■ d e f g h i j ■ l m n o p ■ r s t ■ v w x y z 19

 Write Over

 Hide and Seek

 cuff

hill

 fizz

 glass

Write Over and Copy

Write Over and Copy

a b c d e ■ g h i j k ■ m n o p q r ■ t u v w x y ■

Write Over

ai   ai ai ai

Hide and Seek

train snail tail nail

Write Over and Copy

ai ai ai   ai ai ai

Write Over and Copy

ai ai ai   ai ai ai

■ b c d e f g h ■ j k l m n o p q r s t u v w x y z

Write Over

ai   *ai* *ai* *ai*

Hide and Seek

rain   paint   tail   sail

Write Over and Copy

ai *ai* *ai*   *ai* *ai* *ai*

Write Over and Copy

ai *ai* *ai*   *ai* *ai* *ai*

■ b c d e f g h ■ j k l m n o p q r s t u v w x y z

 **Write Over**

ch ch ch

Hide and Seek

 chip

 chop

 chin

Write Over and Copy

ch ch ch ch ch ch

Write Over and Copy

ch ch ch ch ch ch

a b ■ d e f g ■ i j k l m n o p q r s t u v w x y z

Write Over

ch

ch ch ch

Hide and Seek

chin   rich   pitch

Write Over and Copy

ch ch ch   ch ch ch

Write Over and Copy

ch ch ch   ch ch ch

a b ■ d e f g ■ i j k l m n o p q r s t u v w x y z

 wa

wa wa wa

25

Hide and Seek

 watch

 walk

 water

Write Over and Copy

wa wa wa wa

Write Over and Copy

wa wa wa wa

b c d e f g h i j k l m n o p q r s t u v w x y z

Write Over

Hide and Seek

wasp   *wall*   *warm*

Write Over and Copy

wa wa   wa   wa

Write Over and Copy

wa wa   wa wa

bcdefghijklmnopqrstuv xyz

Write Over

wh wh wh wh

Hide and Seek

wheat   whiskers   white

Write Over and Copy

wh wh wh wh

Write Over and Copy

wh wh wh wh

a b c d e f g ■ i j k l m n o p q r s t u v ■ x y z

Write Over

wh

wh wh wh

Hide and Seek

wheel

whale

whistle

Write Over and Copy

wh *wh* *wh* *wh*

Write Over and Copy

wh *wh* *wh* *wh*

a b c d e f g ▢ i j k l m n o p q r s t u v ▢ x y z

Write Over

ad ad ad

Hide and Seek

add   ladder   saddle

Write Over and Copy

ad ad ad   ad ad ad

Write Over and Copy

ad ad ad   ad ad ad

■ b c ■ e f g h i j k l m n o p q r s t u v w x y z

Write Over

ad   *ad* *ad*

Hide and Seek

adder   *sad*   *adult*

Write Over and Copy

ad *ad* *ad*   *ad* *ad* *ad*

Write Over and Copy

ad *ad* *ad*   *ad* *ad* *ad*

a b c d e f g h i j k l m n o p q r s t u v w x y z

Write Over

Ruwa Zach

Ruwa Ruwa Zach Zach

Hide and Seek

Ben   Ann   Omar   Sara

Write Over and Copy

P s N   t W j

Write your name

a b c d e f g h i j k l m n o p q r s t u v w x y z

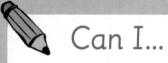

Copy the letters.

c s p e u t n w l b

Copy the words.

said chip wash tail what

My target

abcdefghijklmnopqrstuvwxyz